Vente après Décès

TABLEAUX

MODERNES

OBJETS DE CURIOSITÉ

HOTEL DROUOT, SALLE N° 2

Les Vendredi 9 et Samedi 10 Mars 1883

À DEUX HEURES

EXPOSITION PUBLIQUE

Le Jeudi 8 Mars 1883, de 1 heure 1/2 à 5 heures 1/2.

Commissaire-Priseur : Mᵉ **ESCRIBE**, rue de Hanovre, 6

EXPERTS :

MM. **HARO** et fils	M. A. **BLOCHE**
Rue Visconti, 14, et rue Bonaparte, 20	Rue Laffitte, 44

PARIS — 1883

V^c **RENOU, MAULDE et COCK**

IMPRIMEURS DE LA COMPAGNIE DES COMMISSAIRES-PRISEURS

Rue de Rivoli, 144

DESIGNATION

AMAURY DUVAL

100.—   1 — Portrait de jeune femme.

Signé en haut, à droite, et daté 1863.

Toile. — H. 0ᵐ70. L 0ᵐ54.

BENTABOLE

42.—   2 — Marine.

Signé à gauche.

Toile. — H. 0ᵐ33. L. 0ᵐ55.

BOUCHER (D'après)

3 — Jeune Fille couchée.

Pastel.

H. 0^m53. L. 0^m60.

CHAVET (V.)

4 — Soldat écossais.

Signé à gauche; à droite on lit : A Sandgate, juillet 1867.

Bois. — H. 0^m29. L. 0^m21.

CHINTREUIL

5 — Le Soir.

Signé à gauche.

Toile. — H. 0^m54. L. 0^m64.

CHINTREUIL

6 — Paysage : Bords de rivière.

Signé à gauche.

Toile. — H. 0^m38. L. 0^m46.

COROT

7 — Bords de l'Oise : le Matin.

Signé à droite.

Toile. — H. 0^m43. L. 0^m58.

COROT (D'après)

8 — Bords de l'Oise.

Dessin.

COROT

9 — Jeune Femme turque.

Signé à droite.

Bois. — H. 0ᵐ78. L. 0ᵐ58.

COROT

10 — Les Pommiers.

Signé à gauche.

Bois. — H. 0ᵐ22. L. 0ᵐ40

COURBET

11 — Paysage, bords de la Loue : Effet du soir.

Sur les bords de la rivière, un pêcheur s'apprête à jeter son filet.

Signé à droite.

Toile. — H. 0ᵐ65. L 0ᵐ80.

DAUBIGNY

12 — Les Laveuses. Paysage, bords
de l'Oise.

Signé à droite.

Bois. — H. 0^m28. L. 0^m58

DECAMPS (?)

13 — Mendiants.

Toile. — H. 0^m55. L. 0^m46

DESHAYES (Eugène)

14 — Marée basse.

Signé à gauche.

Toile. — H. 0^m48. L. 0^m72.

DIAZ (N.)

15 — **Les Confidences de l'amour.**

Signé à gauche et daté.

Bois. — H. 0^m47. L. 0^m31.

ESCALLIER (Mme E.)

16 — **Le Panier de fleurs.**

Signé à droite.

Toile. — H. 0^m53. L. 0^m42.

GEFFROY (du Théâtre-Français)

17 — **Léda.**

Signé à droite.

Toile. — H. 0^m29. L. 0^m46.

HOVE (Hubert Van)

82.-   18 — La Cuisinière hollandaise.   *Robert*

Signé à droite.

Bois. — H. 0^m17. L. 0^m22.

JONGKIND

900.-   19 — Paysage : Vue de Hollande.   *Détrimont*

Signé à gauche.

Toile. — H. 0^m33. L. 0^m55.

LAGRENÉE (Jean-Jacques)

195.-   20 — L'Offrande à l'Amour.   *Hornes*

Signé à droite.

Toile. — H. 0^m46. L. 0^m36.

PORTE (Mme A. de la)

700.- 21 — Tête de chat.

Signé à droite.

Toile ronde. — Diamètre 28.

RIBOT

30 20,- 22 — Les Écureurs.

Trois jeunes garçons sont occupés à nettoyer des chaudrons et de la batterie de cuisine.

Signé à droite.

Toile. — H. 0^m90. L. 0^m65.

RIBOT

23 — Les Musiciens : la Répétition.

Signé à gauche.

Toile. — H. 0ᵐ45 L. 0ᵐ37.

RIBOT

24 — Le Cuisinier.

Signé à gauche et daté 1861.

Toile. — H. 0ᵐ45. L. 0ᵐ30.

RIBOT

25 — Nature morte.

Signé à gauche.

Toile. — H. 0ᵐ45. L. 0ᵐ55.

TAMIZIER (A.)

26 — Fleurs.

Signé à droite.

Bois. — H. 0^m30. L. 0^m23.

TASSAERT

27 — Le Rêve de la fiancée.

Jolie composition.

Signé à gauche et daté 1858.

Toile. — H. 0^m55 c. L. 0^m46 c.

TASSAERT

28 — Détresse !

Revenant de faire des fagots, une jeune paysanne saisie par le froid, est tombée à genoux près de la porte d'une chaumière.

Signé à gauche et daté 1857.

Bois. — H. 0ᵐ35. L. 0ᵐ27.

VOLLON (A.)

29 — Le Singe peintre (Intérieur d'atelier).

Le singe artiste, assis sur son tabouret, souffle dans une trompette ; près de lui, sa palette et divers acessoires.

Charmant petit tableau.

Bois. — H. 0ᵐ46 c. L. 0ᵐ38 c.

VOLLON (A.)

30 — Le Singe musicien.

Un singe grimpé sur un haut tabouret, joue de la guitare : devant lui une partition ouverte, sur le parquet des livres, des plats et divers accessoires.

Pendant du précédent.

Signé à droite.

Bois. — H. 0^m46 c. L. 0^m37 c.

VOLLON

31 — Le Vase de fleurs.

Signé à droite.

Toile. — H. 0^m74. L. 0^m50.

ECOLE FRANÇAISE MODERNE

32 — Tête de femme.

Signé à droite A. P.

Toile. — H. 0^m45. L. 0^m37.

ÉCOLE HOLLANDAISE

33 — Marine.

Bois. — H. 1^m23. L. 0^m27.

ÉCOLE ITALIENNE

34 — La Madeleine.

Bois. — H. 0^m20. L. 0^m16.

35 — Sous ce numéro, seront vendus quelques Tableaux anciens et modernes omis au Catalogue.

———

OBJETS D'ART ET CURIOSITÉS

Très belle Statuette de Bacchante en terre cuite, attribuée à CLODION.

Jolie Pendule Louis XVI en marbre blanc, garnie de bronzes ciselés et dorés et ornée de médaillons en biscuit.

Pendule Louis XIV en écaille et marqueterie, garnie de bronzes.

Pendule à figure allégorique de la Science en bronze et bronze ciselé et doré, socle en marbre orné d'un bas-relief en bronze ciselé et doré.

Bronzes d'art de Barye, Mène, etc.

Porcelaines de Sèvres, Saint-Cloud, Saxe, Meissen, Vienne, etc. : Saucières, Tasses, Ecuelles, Assiettes, Coquetiers, Salières, etc.

Porcelaines de la Chine et du Japon : Lampes, Gourdes, Vases, Pots, Assiettes, Plats, etc.

Glace avec trumeau.

———

LIVRES

Environ 400 Volumes reliés et brochés dont : Les Métamorphoses d'Ovide, traduction de l'abbé Banier, gravures de Choffard; Les Incas de Marmontel, 2 volumes avec gravures; un volume manuscrit, Recueil de bons mots; Œuvres de Byron, Walter Scott, Boileau, Regnard, etc.; L'Artiste, 14 volumes; Album d'eaux-fortes, etc.

———

MOBILIER

Bons Meubles en acajou, palissandre et thuya et bois rose pour salon, chambre à coucher et salle à manger.

Bronzes, Pendule, Flambeaux, etc.
Porcelaines, Cristaux, Plaqué.
Linge de lit et de table.
200 Bouteilles de vins.

BIJOUX ET ARGENTERIE

Jolie Broche camée dur entouré de 24 brillants.

Epingles doubles en brillants.

Montres, Chaîne, Broches, Face-à-mains, et autres Bijoux en or.

7,000 grammes d'Argenterie, Couverts, Cuillers à café, Dessous de carafe, Cafetières, Plats, etc.

Vᵉˢ Renou, Maulde & Cock, R. Rivoli, 144, à Paris. 36063